POMONE,

PASTORALE

REPRESENTÉE

PAR L'ACADEMIE ROYALE

DE MUSIQUE,

l'An 1671.

Les Paroles sont de M. Perrin,

&

La Musique de M. Cambert.

I. OPERA.

PERSONNAGES
DU PROLOGUE.

LA NYMPHE de la Seine.

VERTUMNE.

ACTEURS
DE LA PASTORALE.

POMONE, Déeſſe des Fruits.

FLORE, Sœur de Pomone, Déeſſe des Fleurs.

VERTUMNE, Dieu des Lares, ou Folets, Amant de Pomone.

FAUNE, Dieu Champêtre, Amoureux de Pomone.

LE DIEU DES JARDINS, Amoureux de Pomone.

JUTURNE,
VENILIE, } Nymphes de Pomone.

BEROE', Nourrice de Pomone.

Chœur des Jardiniers.

Troupe de Follets.

Troupe de Bouviers.

PROLOGUE.

Le Theatre represente le Louvre.

VERTUMNE, LA NYMPHE DE LA SEINE.

LA NYMPHE DE LA SEINE.

Oy qui vis autrefois le Fleuve des Romains
Triompher des Humains,
Et porter le Sceptre du monde,
Vertumne, que dis-tu de ma rive feconde?

VERTUMNE.

J'admire tes grandeurs, & la felicité
De ta belle Cité:
Mais ta merveille la plus grande,
C'eft la pompeufe Majefté
Du Roy qui la commande.

 ## PROLOGUE.

Dans l' Augufte LOUIS, je trouve un nouveau Mars,
Dans fa Ville fuperbe une nouvelle Rome ;
Jamais, jamais un fi grand Homme
Ne fût affis au Thrône des Cæfars :
Auffi fur la Terre & fur l'Onde,
Ce Monarque puiffant ne fait point de projets
Que le Ciel ne feconde.
Il eft l'amour, & la terreur du monde,
L'effroy de fes Voifins, le cœur de fes Sujets.

ENSEMBLE.

Il eft l'Amour & la terreur du monde,
L'effroy de fes Voifins, le cœur de fes Sujets.

LA NYMPHE DE LA SEINE.

Mais quel deffein t'ameine,
Sur le bord de la Seine?

VERTUMNE.

Moy qui forge les vifions,
Je viens tromper fes yeux par mes illufions,
Et luy montrer mes anciennes merveilles.

ENSEMBLE.

Sus donc par nos accords amoureux, & touchants,
Commençons de charmer fon cœur & fes oreilles :
Mélons nos voix, & rempliffons nos champs,
Du doux bruit de nos chants.

FIN DU PROLOGUE.

POMONE,

PASTORALE.

ACTE PREMIER.

Le Théatre represente les Vergers de POMONE.

SCENE PREMIERE.

POMONE, JUTURNE, VENILIE, BEROE'.

POMONE.

Aſſons nos jours dans ces Vergers,
Loin des Amours & des Bergers.
Paſſons nos jours.

POMONE, JUTURNE.

Paſſons nos jours
Loin des Bergers & des Amours.

POMONE,

POMONE.

Qui voudra s'engage
Sous les loix d'Amour,
Qui voudra s'engage,
Et fasse la cour
A ce Dieu volage.
Qui voudra l'adore,
Pour moy je l'abhorre.
Le flot de la Mer
Est moins infidele ;
La fleur en est belle,
Mais le fruit amer.

POMONE, & JUTURNE.

La fleur en est belle,
Mais le fruit amer.

VENILIE.

Qui croit ce cajoleur,
N'a que peine & douleur,

JUTURNE.

Dans l'Empire amoureux,
Le sort le plus heureux
Est le plus dangereux.

VENILIE.

Le flot de la Mer
Est moins infidelle.

JUTURNE.

La fleur en est belle,
Mais le fruit amer.

JUTURNE, & VENILIE.
La fleur en est belle,
Mais le fruit amer.

JUTURNE.
Le doux plaisir d'amourette
Est une tendre fleurette,
Qui ne dure qu'un matin:
Il a le destin
Des plus belles choses;
Il naît, il fleurit, il passe en un jour.
Les chaînes d'Amour,
Sont chaînes de Roses.

JUTURNE, & VENILIE.
Les chaînes d'Amour,
Sont chaînes de Roses.

POMONE.
Passons nos jours dans ces Vergers,
Loin des Amours & des Bergers.
Passons nos jours,

POMONE, & JUTURNE.
Passons nos jours,
Loin des Bergers & des Amours.

SCENE SECONDE.

POMONE, JUTURNE, VENILIE BEROE', FLORE.

FLORE.

AH ! ma Sœur, à quoy penses-tu ?
Veux-tu bannir de ton Empire
Ce Dieu puissant, dont la vertu
Anime tout ce qui respire,
Et dont les fecondes chaleurs
Font naître tes fruits, & mes fleurs.

POMONE.

Je consens que ses flammes
Brûlent tout l'Univers ;
Pourvû que dans nos ames
Il trouve incessamment la glace, & les hyvers.

FLORE.

Ah ! si tu connoissois comme moy ses delices !

BEROE'.

Ah ! si tu connoissois comme moy ses malices !

FLORE.

De combien de douceurs il flate nos desirs !

BEROE'.

Combien il cause de soûpirs !

FLORE.

PASTORALE.

FLORE.

Que ses fers,

BEROE'.

Que ses loix,

FLORE.

Sont doux !

BEROE',

Sont inhumaines ?

FLORE.

Quel plaisir !

BEROE'.

Quel tourment !

BEROE', & FLORE.

De vivre dans ses chaînes.

POMONE.

Il a des biens, il a des peines,
Et je ne veux que des plaisirs.

SCENE TROISIÉME.

POMONE, JUTURNE, VENILIE, BEROE', FLORE, LE DIEU DES JARDINS, Troupe de Jardiniers.

LE DIEU DES JARDINS.

Soulage donc les flames
   Du grand Dieu des Jardins.
De plaisirs éternels il sçait remplir les ames;
Renonce pour jamais à l'amour des Blondins;
Foibles, Trompeurs, Inconstans, & Badins,
Unissons nos cœurs & nos Empires:
Ajoûte aux fruits de tes Vergers,
Les herbes de mes Potagers:
Joins mes Mélons à tes Poncires;
Et mêle parmy tes Pignons,
Mes Trufes & mes Champignons.

SCENE QUATRIÉME.

POMONE, JUTURNE, VENILIE, BEROE', FLORE,
LE DIEU DES JARDINS, FAUNE, Troupe
de Jardiniers, Troupe de Bouviers.

FAUNE.

C'Est bien à toy, Dieu miserable,
De pretendre à tes maux quelque soulagement?

LE DIEU DES JARDINS.

C'est bien à toy, Monstre effroyable,
De servir un Objet si rare, & si charmant?

FAUNE.

Elle a beau resister, & faire la mutine;
C'est à moy.

FAUNE ET LE DIEU DES JARDINS.

C'est à moy que le Ciel la destine.

LE DIEU DES JARDINS.

Tout céde,

LE DIEU DES JARDINS ET FAUNE.

Tout céde, tout se rend à mon pouvoir divin.

FLORE.

Vous le dites en vain.
On vous connoît tous deux; mais éprouvons les vôtres,
Faites chanter les uns, faites danser les autres.

LE DIEU DES JARDINS fait avancer sa Troupe.

LES JARDINIERS.

Vive le Dieu des Jardiniers,
Il est toûjours prêt à bien faire;
Bergeres, portez vos paniers,
Il a dequoy vous satisfaire.
Sans luy les jeux, les passetemps,
N'ont qu'une douceur imparfaite;
Et s'il n'est de la fête,
L'on ne rit pas long-temps.

Rien n'est si doux que sa fureur,
Ni si plaisant que sa folie;
Elle bannit de nôtre cœur,
La plus noire mélancolie.
Sans luy les jeux, les passetemps,
N'ont qu'une douceur imparfaite;
Et s'il n'est de la fête,
L'on ne rit pas long-temps.

LE DIEU DES JARDINS à FAUNE.

Hé bien dans tes buissons,
Tes oiseaux chantent-ils de pareilles chansons?

FAUNE.

Il est vray que jamais Rossignols d'Arcadie,
N'ont fait plus douce melodie;

LE DIEU DES JARDINS aux Bouviers.

A vous Bouviers,
Illustre bande,
Touchez, touchez, n'importe Menestriers,
Passepied, Menuet, Gavotte ou Sarabande.

La Troupe s'écarte pour faire place aux Danseurs,
& ensuite se rassemble.

FAUNE, ET LE DIEU DES JARDINS à POMONE.

Couronnez, il est temps, couronnez le Vainqueur,
Donnez-luy vôtre main, donnez-luy vôtre cœur.

POMONE à ses Nymphes.

Cueillez, Nymphes, dans ses Prairies,
Cueillez pour eux des Guirlandes fleuries.

POMONE fait signe à ses Nymphes de joüer se
Amants ; elles feignent d'aller cueiller des fleurs.
à FLORE.

Et vous ma Sœur,
Couronnez le Vainqueur.

Elle fait un pareil signe à FLORE, & elle se
caché pour les observer, & pour en rire.

SCENE CINQUIÉME.

FLORE, JUTURNE, VENILIE, BEROE' LE DIEU DES JARDINS, FAUNE,
Troupe de Jardiniers, Troupe de Bouviers.

FAUNE, ET LE DIEU DES JARDIN
à POMONE.

Donnez-luy vôtre main, donnez-luy vôtre cœur

Les Nymphes apportent à FLORE une Corbeille
dans laquelle est une Couronne d'épines,
& une autre de chardons.

FLORE aux Dieux.

Venez voir couronner vos tendres amourettes,
Et recevoir le premier de ses dons.

Elle tire les deux couronnes de la Corbeille, & faisant
l'étonnée leur dit, en se mocquant.

Ah! pour un plus heureux on garde les fleurettes!
Pour vous l'épine, & les chardons.

FLORE, JUTURNE, VENILIE, BEROE'.

Ah! pour un plus heureux on garde les fleurettes!
Pour vous l'épine, & les chardons.

FLORE donne au DIEU des Jardins la Couronne
d'épines, à FAUNE celle de chardons.

SCENE SIXIÉME.

FAUNE, LE DIEU DES JARDINS,
Troupe de Bouviers, Troupe de Jardiniers.

FAUNE

Montrant au Dieu & à ſa Troupe la Couronne d'épines
qui leur a été donnée.

VOilà le prix de vos Muſiques,
Et ce que meritent vos chants.

Ritournelle pendant laquelle les Bouviers danſent
en ſe mocquant.

LE DIEU DES JARDINS

Montrant à Faune & à ſa Troupe la Couronne de
chardons.

Voilà le fruit du Dieu des champs,
Et de quoy paître ſes Bourriques.

LE DIEU ET LES JARDINIERS.

Voilà le fruit du Dieu des champs,
Et de quoy paître ſes Bourriques.

SCENE SEPTIÉME.

VERTUMNE.

HElas! que me sert-il de changer tous les jours
De forme & de figure,
Et de me déguiser à toute la nature,
Si je ne puis changer l'objet de mes amours!

J'aime une insensible Maîtresse,
Une ingrate & fiere Déesse;
Qui se rit du tourment,
Et des soins d'un Amant.

Que ferons-nous mon cœur en de peines si dures!
Ah! puisque vainement je dirois mes langueurs,
Il faut nous transformer, & sous d'autres figures
Tacher de vaincre ses rigueurs!

Vous, que le Ciel soûmet à ma puissance,
Hola, Folets, venez, suivez mes pas.

Une Troupe de Folets volent de tous les côtez du
Théatre.

Mais ne vous montrez pas;
A mes loix seulement rendez obeïssance.

Ils disparoissent.

FIN DU PREMIER ACTE.

ACTE II.

ACTE SECOND.

Le Théatre represente le Parc de Chesnes.

SCENE PREMIERE.

BEROE'.

AH! n'est-ce pas assez qu'on aime & qu'on soûpire
Pendant le cours de sa jeune saison !
Pourquoy faut-il, Amour, étendre ton Empire,
Jusques sur nôtre âge grison !
Malgré tous mes efforts, malgré toutes mes feintes,
Je sens vivre tes feux, sous mes cendres éteintes,
D'une cruelle ardeur je me vois consumer,
Que la glace des ans ne fait que rallumer :
J'ayme un Dieu.... Le voicy ; tâchons de le surprendre :
Il rêve à ses amours, cachons-nous pour l'entendre.

C

SCENE SECONDE.

VERTUMNE, BEROE' cachée.

VERTUMNE.

O Doux Zephirs,
    Vous enflamez la Terre
    Par vos soûpirs,
    Et de vos pleurs
On voit, dans ce Parterre,
    Naître des fleurs.
Helas! ainsi que vous,
Je suis tendre & fidelle,
    Discret & doux ;
    Et mes douleurs
Ne touchent point la Belle,
    Pour qui je meurs.
Mais pourquoy tant gemir! poursuy ton entreprise;
Lâche, c'est trop te plaindre, & soûpirer en vain ;
    Usé de ton pouvoir divin,
    Joints à l'Amour la ruse, & la surprise.
Il faut l'attendre icy ; dans ce boccage vert
Elle cherche souvent le frais & le couvert.

SCENE TROISIÉME.

VERTUMNE, BEROE'.

BEROE'.

Quoy toûjours inflexible?
Toûjours sourd à mes vœux,
Et toûjours amoureux
D'une belle Insensible,

VERTUMNE à l'écart.

Le ridicule objet!
L'Enfer l'ameine icy, pour troubler mon projet.

BEROE'.

Quoy tant d'amour, Ingrat!

VERTUMNE à l'écart.

Evitons sa poursuite.

BEROE' l'arrêtant.

Arrête, & voy du moins ma peine, & mes langueurs;
Un moment encor, & je meurs.

VERTUMNE à l'écart.

Il faut l'épouvanter, & luy donner la fuite.
VERTUMNE se transforme en Dragon & court
à elle, comme pour la devorer.

SCENE QUATRIÉME.

BEROE', VERTUMNE en Dragon.

BEROE'.

Qve voyez-vous mes yeux !
   Quel Dragon furieux !
Mais, non, raſſûrons-nous, c'eſt-luy qui ſe transforme
   En ce Monſtre difforme.

                 Elle affronte le Dragon.

He bien, cruel, ſaoule-toy de mon ſang :
   Contente ton envie,
   Déchire-moy le flanc ;
   Arrache-moy la vie :
   Je beniray mon ſort,
Et je ne puis mourir d'une plus douce mort.

Le Ciel brille d'Eclairs, le Tonnerre gronde, la
Terre tremble, & douze Folets transformez en Fantômes, tombent du Ciel dans un nuage enflamé.

SCENE CINQUIÉME.

BEROE', Douze Folets en Fantômes.

BEROE'.

Mais quels Eclairs ! quel horrible Tonnere !
        Quel tremblement de Terre !
Quels Fantômes affreux, & quelles visions !
Que de Monstres armez de feu, de fer, de foudre,
        Pour me reduire en poudre !
Je vous connois, Folets, & vos illusions.
Vous croyez m'étonner par cette allarme feinte,
        Et me joüer à vôtre tour :
Mais l'on ne peut former les glaces de la crainte,
        Où regnent les feux de l'Amour.

Les Folets descendus de la machine environnent
Beroé, & pour l'épouvanter, dansent à ses yeux une
danse terrible.

BEROE', après la danse, dit aux Fantômes.

He bien, Folets, est-ce assez d'impostures,
        De grimaces & de postures ;
Et croyez-vous encor sous ce masque trompeur
        Me donner de la peur ?

Trois Fantômes disparoissent, quatre autres saisissent
        Beroe', l'emportent en l'Air, & cinq autres
                restent sur le Théatre.

BEROE'.

Au secours, je suis morte,
On m'entraîne, on m'emporte.

SCENE SIXIÉME.

Cinq Folets en Fantômes, LE DIEU DES JARDINS, Quatre Jardiniers.

LE DIEU DES JARDINS, & les Jardiniers.

PAuvre Nourrice, helas! tes cris sont super-perflus!

LE DIEU & sa troupe ne pouvant arracher la Nourrice aux Fantômes qui l'emportent, s'en veulent venger sur les cinq autres qui restent, & crient.

Donnons, donnons, frapons dessus.

SCENE SEPTIÉME.

LE DIEU DES JARDINS, Quatre Jardiniers, Cinq Folets en Bourgeoises de Lampsaque.

LA I. BOURGEOISE au DIEU DES JARDINS.

TU veux m'assassiner!

LE DIEU DES JARDINS à la I. Bourgeoise.

Ah ma chere Voisine!

Le I. Jardinier à la II. Bourgeoise.

Ma Sœur!

Le II. Jardinier à la III. Bourgeoise.

Ma Femme!

Le III. Jardinier à la IV. Bourgeoise.

Ma Cousine!

La V. Bourgeoise au IV. Jardinier.

C'est toy Philandre, helas!

Le IV. Jardinier à la V. Bourgeoise.

C'est toy chere Cloris!

La II. Bourgeoise au III. Jardinier.

Mon aimable Alcidor!

Le III. Jardinier à la II. Bourgeoise.

Ma charmante Doris!

La III. Bourgeoise au IV. Jardinier.

Ah Damon!

Le IV. Jardinier à la III. Bourgeoise.

Ah Climeine!
O Dieux qui vous ameine
En ces bords étrangers!

La III. Bourgeoise.

Le desir de revoir nos aimables Bergers.

La I. Bourgeoise.

Depuis que vous cessez de cultiver nos Terres.
La mousse, & les buissons croissent dans nos Parterres.

La II. Bourgeoise.

On voit sur nôtre teint une jaune pasleur.

La III. Bourgeoise.

Nous n'avons plus de Lys.

La IV. Bourgeoise.

Nous n'avons plus de Roses.

La V. Bourgeoise.

Et nos fleurs demy-closes
Fremissent de douleur.

Le III. Jardinier.

Depuis vôtre absence,
Ce n'est que souffrance,
Tristesse & langueur.

Le IV. Jardinier.

Dès la moindre peine,
Nous perdons halaine,
Courage, & vigueur.

Le III. Jardinier.

Nos peaux sont plus seches,
Que des parchemins.

Le III. & IV. Jardinier.

Et nos pauvres bêches
Nous tombent des mains.

La II. Bourgeoise.

Allons Bergers.

Le I. Jardinier.

Allons Bergeres.

Tous.

Allons Bergers, allons Bergeres,
Goûter la douceur du retour.

La I. & II. Bourgeoise.

Allons sous les vertes fougeres,
Cueillir les doux fruits de l'Amour.

Tous.

Allons sur les vertes fougeres,
Cueillir les doux fruits de l'Amour.

LE DIEU

LE DIEU DES JARDINS & les Jardiniers veulent embraſſer leurs Bourgeoiſes, mais dans le moment elles ſe transforment en autant de Buiſſons d'épines.

SCENE HUITIÉME.

LE DIEU DES JARDINS, Quatre Jardiniers, Cinq Folets en Buiſſons d'épines.

LE DIEU DES JARDINS, & ſa Troupe en ſe piquant.

PEſte, quel changement, quelle metamorphoſe,
Ah! nous trouvons l'Epine, où nous cherchons la
Roſe!

LE DIEU DES JARDINS.

Que vien-tu faire en ce lieu,
Pauvre Dieu?
Tu brûles de vaines flammes,
Et tu ſouffre cent mépris;
Toy qui fut l'amour des Dames,
Et la terreur des Maris?
Eſt-ce à toy de ſoûpirer,
Et prier?
Toy qu'à genoux on implore,
Va ſoulager les deſirs
De la Belle qui t'adore,
Et qui meurt pour tes plaiſirs.

D

 P O M O N E,

D E U X   F O L E T S cachez.

Cesse, grand Dieu, cesse tes plaintes vaines.

L E   D I E U   D E S   J A R D I N S.

Qu'entens-je ? quelle voix sort des rives prochaines?
Echos, Arbres, Rochers, est-ce vous, est-ce vous?

D E U X   F O L E T S cachez.

Nous sommes deux Nymphes des chênes;
Et le Ciel t'anonce par nous,
Qu'un jour il finira tes peines.

L E   D I E U   D E S   J A R D I N S.

Helas! quand viendra-t'il ce bien-heureux moment?

D E U X   F O L E T S cachez.

Quand tu seras discret, & fidelle en aimant.

L E   D I E U   D E S   J A R D I N S.

Taisez-vous, taisez-vous, impertinents Oracles:
Amour en ma faveur fait bien d'autres miracles.
Aprenez, aprenez qu'en l'Empire amoureux
On perd tout pour attendre;
Et que le vigoureux
Est souvent plus heureux,
Que le sage & le tendre.

L E   D I E U   &   L E S   J A R D I N I E R S.

Aprenez, aprenez qu'en l'Empire amoureux
On perd tout pour attendre;
Et que le vigoureux
Est souvent plus heureux,
Que le sage & le tendre.

F I N   D U   S E C O N D   A C T E.

ACTE TROISIÉME.

Le Théatre represente des Rochers & de la Verdure.

SCENE PREMIERE.

VERTUMNE.

 La fin, delivré d'une Troupe importune,
Je puis me transformer, & paroître à ses yeux.
La voicy, cachons-nous : Destin, Amour, Fortune,
    Favorisez mes vœux.

SCENE DEUXIÉME.

POMONE, JUTURNE, VENILIE,
VERTUMNE caché.

POMONE & VENILIE.

SOrtez petits Oyseaux, sortez de vos boccages,
Quittez, quittez vos nids, & vos buissons ;
    Et mêlez vos tendres ramages,
    A nos agreables chansons.

Volez, doux Roſſignols, volez dans ces feüillages,
Venez, Serins, venez, venez Pinſons,
Et mêlez vos tendres ramages,
A nos agreables chanſons.

VERTUMNE paroît transformé en Plutus, Dieu
des Treſors.

SCENE TROISIÉME.

POMONE, JUTURNE, VENILIE, VERTUMNE en Plutus.

VERTUMNE.

CHarmé de tes accents, adorable Pomone,
Mais plus charmé de l'éclat de tes yeux
Je ſors de mon Empire, & je viens en ces lieux,
Du plus riche des Dieux
T'offrir & le cœur & le Thrône.
Si tu doutes de mes ardeurs,
Dans mes regards tu les pourras connoître:
Si tu doutes de mes grandeurs,
Voy de quels biens je ſuis le maître.

Le Théatre repreſente le Palais de Plutus.

SCENE QUATRIÉME.

POMONE, JUTURNE, VENILIE,
VERTUMNE en Plutus. Cinq FOLETS
en Démons.

VERTUMNE en Plutus, à POMONE.

Mon Thrône & mes Tresors, ma flame, & mes langueurs,
Ne pourront-ils, Déeße, adoucir tes rigueurs?

POMONE.

Non, non garde ton or, tes pierres & tes marbres:
Mon unique tresor sont mes fruits, & mes arbres.

VERTUMNE.

Si tu bornes là tes plaisirs
J'ay de quoy plainement contenter tes desirs.

Il montre à la Déeße une Corbeille pleine de Bigarades d'or, & une autre pleine de Grenades, dont les
grains sont de Rubis.

Voy-tu ces Bigarades?
Elles sont toutes d'or, & ces belles Grenades,
Leurs grains sont Rubis précieux;
Je puis en peupler tous ces lieux.

POMONE,

POMONE.

Il me suffit de mon partage,
Et je ne veux rien davantage :
Moins de biens, moins de biens, & plus de liberté.

POMONE & JUTURNE.

Liberté, liberté.

VERTUMNE.

Hé bien, garde ta pauvreté :
Adieu, c'est trop aimer une ingrate beauté.

SCENE CINQUIÉME.

POMONE, JUTURNE, VENILIE,
JUTURNE, VENILIE.

L Iberté, *liberté.*

VENILIE.

O la grande foibleſſe,
De cherir les treſors!
O la grande foibleſſe,
De prendre l'ombre pour le corps,
Et ſuivre un bien qui nous fuit, & nous laiſſe!

JUTURNE.

Bannir de ſon cœur la noire triſteſſe,
La foible tendreſſe,
Les ſoins, les deſirs;
Rire, chanter, paſſer en plaiſirs
Sa belle jeuneſſe,
C'eſt la veritable ſageſſe.
La grandeur, la richeſſe
Ne ſont qu'ombre & vanité.

POMONE, JUTURNE & VENILIE.
Liberté, liberté.

SCENE SIXIÉME.

POMONE, JUTURNE, VENILIE
VERTUMNE à l'écart.

VERTUMNE.

J'Ay perdu mes soins & mes pas,
    Mais je ne me rends pas.
    Achevons l'imposture,
Et l'abordons sous une autre figure.

VERTUMNE transformé en Bacchus, paroît
dévancé par trois Satires qui tiennent à la main des
coupes, des bouteilles & des flacons.

SCENE VII.

SCENE SEPTIÉME.

POMONE, JUTURNE, VENILIE,
VERTUMNE en Bacchus, FOLETS
en Satires.

Les FOLETS.

PLace, place, Voisins,
Place au Dieu des raisins.
Rempli d'amour & de tendresse,
Je viens, belle Déesse,
Comme les autres Dieux,
Rendre hommage à tes yeux,
Et t'offrir, à mon tour, mon Sceptre & ma Couronne.

POMONE.

Je sçais qu'elle a beaucoup d'éclat & de grandeur ;
Mais, je renferme ma grandeur,
Dans celle que le Ciel me donne.

VERTUMNE.

Ta Couronne est illustre, & ton pouvoir divin ;
Mais, le mien se repand sur la Terre & sur l'Onde ;
Et t'offrant l'Empire du vin,
Je t'offre l'Empire du monde.

POMONE.

N'ay-je pas dans le mien un jus doux & charmant,
Que l'on cherit également ?

E

POMONE,

Les FOLETS.

O la comparaiſon étrange,
Du Cidre au jus de la vendange!
Vive nôtre aimable liqueur.

POMONE, JUTURNE, & VENILIE.

Vive nôtre aimable liqueur.

JUTURNE.

Elle charme le goût,

I. SATIRE.

Elle échauffe le cœur.

VENILIE.

C'eſt le Nectar des Dieux,

II. SATIRE.

C'eſt l'honneur de la table.

JUTURNE.

Rien n'eſt ſi doux,

III. SSATIRE.

Rien n'eſt ſi delectable.

TOUS.

Vive nôtre aimable liqueur.

POMONE & ſes Nymphes ſe retirent en ſe
moquant. & FAUNE arrive.

SCENE HUITIÉME.

FAUNE, VERTUMNE en Bacchus,
FOLETS en Satires.

FAUNE.

O Dieux qu'elle chaleur m'enflâme !
Je suis dans un double brasier,
La soif altere mon gosier,
Et l'amour échauffe mon ame.
Que je te rencontre à propos,
Grand Dieu des verres, & des pots,
   Ah ! j'implore ta grace,
   Et ton secours divin :
   Verse, helas ! dans ma tasse,
Quelques larmes de vin.

VERTUMNE.

Il faut le secourir.

FAUNE.

Il y va de ta gloire.

VERTUMNE aux Satyres.

Donnez-luy du meilleur du muid,
Enfans ; faites-le boire, & buvez avec luy.

Il fait signe aux Satires de joüer son Rival.

E ij

SCENE NEUVIÉME.

FAUNE, FOLETS en Satires.

Les FOLETS.

*B*Uvons-tous à la ronde,
Buvons au Dieu falot :
Que chacun nous seconde ,
Buvons tous à la ronde
A ce vieux Sibilot.
Fringue la taſſe, fringue,
Maſſe à luy, tope, & tingue.

FAUNE leur preſentant la taſſe.

Verſez , verſez à rouge bord.

Les FOLETS continuant à boire ſans l'écouter.

Maſſe à luy, tope, & tingue.

FAUNE s'impatientant.

Donnez donc, je meurs.

Les FOLETS continuant.

Maſſe à luy, tope, & tingue.

FAUNE leur ſaiſiſſant la bouteille.

Je ſuis mort ;
Donnez , donnez : quelle fadaiſe ?

Le II. SATIRE.

Tien, bon-homme, fai-nous raiſon,
Et pour boire mieux à ton aiſe,
Couche-toy là ſur ce gaſon.

Les FOLETS placent FAUNE ſur un gaſon, & met-
tent à l'entour de luy trois flacons & trois bouteilles.

FAUNE.

O quel plaiſir, quand on eſt alteré,
 De voir au tour de ſes oreilles
  Un cercle ineſperé
  De pots & de bouteilles !
Buvons, buvons ; mais qu'eſt cecy ?

Lorſqu'il veut prendre une bouteille, elle s'enfuit
& traverſe le Théatre : il s'attaque à la ſeconde qui
fuit de même.

La bouteille s'enfuit, & la ſeconde auſſi.

Il veut ſaiſir la troiſiéme, elle s'éleve en l'air où
un Folet la vient prendre.

 A l'aide, le Demon l'entraîne !

Il croit s'emparer de la quatriéme, elle fond en terre,
& la cinquiéme après elle.

Et toy joli flacon te prendra-t'on ainſi ?
 Quoy toute la demy-douzaine !

  Il prend la ſixiéme, & boit à même.

Ah ! du moins j'auray celle-cy,
Et j'en rempliray ma bedaine.

  Il trouve que c'eſt de l'eau, & crache.

Les FOLETS.

Ah le fat ! ah le badin !
Il boit de l'eau, pour du vin.

F A U N E en se levant.

On me berne, on me raille,
Courez, dessus Bouviers ;
Suivons cette racaille,
A grand coups de leviers.

Les F O L E T S.

Ah ! le fat, ah le badin,
Il boit de l'eau pour du vin.

FIN DU TROISIE'ME ACTE.

ACTE QUATRIEME.

Le Théatre represente le Jardin & le Berceau de
POMONE.

SCENE PREMIERE.

BEROE'.

SOr de de mon cœur,
   Folle fureur,
  Aveugle frenesie,
Brutale ardeur, maudite jalousie,
  Peste des cœurs, dont le poison
  Détruit l'amour, & la raison,

  Sor de mon cœur, & de ma fantasie.
   C'est trop d'affronts soufferts,
   Rompons, brisons nos fers,
  Vangeons-nous de qui nous meprise,
Et renversons du moins toute son entreprise.

  Mais, le voicy qui médite en son cœur
   De nouveaux artifices ;
Il n'a pas epuisé sa ruse & ses malices ;
Observons ses desseins ; Fourbe, Lâche, Imposteur.

SCENE SECONDE.

VERTUMNE, BEROE'.

VERTUMNE.

*A*Mour, di-moy que dois-je faire
Pour la flechir, & pour luy plaire?
Amour, di-moy que dois-je faire,
En qui me transformer? des plus puissants des Dieux
Cette insensible a méprisé les vœux.
Mais, pourquoy l'attaquer sous la forme d'un autre!
Peut ètre pourrions-nous luy plaire sous la nôtre.
Tâchons de la surprendre une derniere fois,
Prenons de Beroé la figure & la voix.
Cette vieille insensée
Possede entierement son cœur & sa pensée;
Et si dans cette habit je ne puis la tenter,
Je veux me presenter,
Et luy parler moy-même
De mon amour extrême:
Je veux . . . . . mais la voicy,

Il se cache.

SCENE III.

SCENE TROISIÉME.

POMONE, FLORE, VERTUMNE,
& BEROE' cachez, FLORE qui soupire.

POMONE.

Qui cause ce soupir
De langueur & de flamme ?

FLORE.

L'absence de Zephir
Qui tourmente mon ame,

POMONE.

Pour calmer les ennuis,
Dont elle est travaillée,
Allons sous la verte feüillée,
Voir danser nos Cueilleurs de fruits.

VERTUMNE s'avance transformé en Beroé.

SCENE QUATRIÉME.

POMONE, FLORE, VERTUMNE en Beroé, BEROE' cachée.

POMONE à VERTUMNE.

M Ais te voilà, Nourrice,
qui t'a fait absenter si long-tems?
Il faut qu'un baiser t'en punisse.

Elle le baise.

Mets-toy là bonne mere, & voi nos passe-tems.

POMONE, FLORE, & VERTUMNE

vont s'asseoir sous la feüillée. Des Cueilleurs de fruits,
la hôte sur le dos, viennent danser.

SCENE CINQUIÉME.

POMONE, FLORE, VERTUMNE
en Beroé, BEROE' cachée, Cueilleurs
& Cueilleuses de fruits.

Danse de Cueilleurs de fruits.

SCENE SIXIEME.

POMONE, FLORE, VERTUMNE
en Beroé, BEROE' cachée.

POMONE à FLORE.

HE bien, que dis-tu, ma Sœur,
De nôtre charmante vie ?

FLORE.

Je dis que sa douceur
Me donne peu d'envie :
Sans le plaisir d'amour, tous les autres plaisirs
Lassent facilement nos cœurs, & nos desirs.

POMONE.

Tu me conseilles donc desormais de le suivre ?

FLORE.

Qui commence d'aimer, commence aussi de vivre ?

POMONE à VERTUMNE.

Nourrice, qu'en dis-tu ?

VERTUMNE.

Croiras-tu mon avis ?

POMONE.

Je les ay jusqu'icy fidellement suivis.

VERTUMNE.

Je detestois l'amour, & traitois ses delices
De crime & de suplices.

POMONE,

Mais, depuis que j'ay veu Vertumne ton amant,
J'ay bien changé de sentiment.
Qu'il a d'amour ! qu'il a de charmes !
Il me dit l'autre jour les peines qu'il ressent,
D'un air si doux, si languissant,
Qu'il m'attendrit & me tira des larmes.
Je le dis franchement,
Si j'étois jeune & belle,
Mon cœur à cet amant
Ne seroit point rebelle.

BEROE'.

Le rusé, l'imposteur !

POMONE.

Il seroit à mes yeux
Le plus parfait des Dieux,
Qu'à son amour je serois insensible !
Non, non ce cœur est invincible.

BEROE'.

Allons le démentir.

VERTUMNE.

Souvent le plus constant
S'ébranle en un instant.

BEROE' courant à luy.

Je te tiens, Fourbe, Lache.

VERTUMNE reprend soudainement sa figure naturelle.

SCENE SEPTIÉME.

POMONE, FLORE, VERTUMNE
BEROE´.

VERTUMNE à BEROE´.

DE quoy m'accuses-tu, quel crime ay-je commis?
Ah! n'ay-je pas, sans toy, d'assez fiers ennemis?

BEROE´ à l'écart.

Helas! en le voyant ma fureur se relâche.

POMONE à l'écart.

Qu'il a l'air fier & doux! ah, qu'est-ce que je sens!
Un mouvement secret me transporte les sens.

VERTUMNE.

J'ay failly toutefois, je suis un temeraire
D'aspirer, ô Déesse, à l'honneur de te plaire.

BEROE´ à l'écart.

O Ciel! que ferons-nous?

VERTUMNE.

    Aussi jusqu'à ce jour
Le respect m'a contraint de cacher mon amour:
Mais enfin, emporté par son ardeur extrême,
Je viens à tes genoux te dire que je t'aime.

Il se jette aux genoux de la Déesse.

 POMONE,

POMONE à l'écart.

O Dieux, il m'attendrit !

VERTUMNE.

Et me voir condamner,

POMONE à l'écart.

Je n'en puis plus,

VERTUMNE.

A des peines mortelles,

POMONE à l'écart.

Helas !

VERTUMNE.

Et d'autant plus cruelles,

POMONE.

Et je sens..

VERTUMNE.

Que la mort ne peut les terminer.

POMONE se tournant vers luy.

Et je sens..

VERTUMNE.

Que dis-tu ?

POMONE.

Ce que je n'ose dire.

En le relevant.

Et je sens que mon cœur partage ton martyre,

SCENE HUITIÉME.

POMONE, FLORE, VERTUMNE, BEROE', VENILIE, FAUNE, LE DIEU DES JARDINS.

POMONE, FLORE, & VERTUMNE.

O Puiſſance d'Amour, ô divin changement !
    Ce que l'eſprit, & la fineſſe,
    Les honneurs, la richeſſe
    Ont tenté vainement,
L'amour & la beauté le font en un moment.

SCENE NEUVIÉME.

FAUNE, LE DIEU DES JARDINS, BEROE', VENILIE.

FAUNE au DIEU DES JARDINS.

P auvre Dieu des Jardins !

LE DIEU DES JARDINS.

    Pauvre Dieu de Village !

FAUNE en luy preſentant BEROE'.

Voici ce que le Ciel te reſerve en partage.

POMONE,

LE DIEU DES JARDINS en montrant VENILIE.

Voici le mien,

En luy montrant les cornes qu'il porte au front.
Voilà le tien.

FAUNE en luy montrant sa bouteille.
Voici le mien.

En luy montrant BEROE'.
Voila le tien.

FAUNE ET LE DIEU DES JARDINS,
Voici le mien.
Voilà le tien.

VENILIE au DIEU DES JARDINS.
Si d'un Vulcain aussi difforme
Le Ciel me faisoit la Venus,
Il en auroit le front, aussi bien que la forme,
Et ne cederoit point aux Dieux les plus cornus.

En montrant FAUNE.

FIN DU QUATRIÉME ACTE.

ACTE V,

ACTE CINQUIÉME.

SCENE PREMIERE.

VERTUMNE, POMONE, JUTURNE,
VENILIE.

POMONE.

EN vain tu veux me faire voir,
L'état de ton Empire, & ton divin pouvoir;
   Grand Dieu, ce que mon ame
Reßent pour toy de tendreße & d'ardeur.
   Tu le dois à ta flamme,
   Bien plus qu'à ta grandeur.
C'est aßez...

VERTUMNE.

  Je sçais trop que ta flamme amoureuse
    Est pure & genereuse;

G

Maïs ce que je pretens
Te montrer de puissance,
Est plus un passe-temps
Qu'une magnificence.
Mais, voici nôtre sœur dont le soin complaisant,
Nous, regale aujourd'huy d'une aimable présence.

SCENE SECONDE.

VERTUMNE, POMONE, JUTURNE, VENILIE, FLORE.

FLORE presentant aux Amans le Chapeau de
l'Hymen.

Vous ne manquez pas de Couronne,
Heureux Amants, & le Ciel vous en donne
Des plus nobles de l'univers :
Mais, pour un cœur qu'Amour tient dans ses fers,
La plus belle & la plus charmante,
Est le Chapeau d'Hymen que ma main vous présente
Passez-donc en plaisirs & les jours & les nuits,
Portez ses fleurs, goutez ses fruits.

SCENE TROISIÉME.

VERTUMNE, POMONE, JUTURNE,
VENILIE, FLORE, LE DIEU DES
JARDINS. II. JARDINIERS.

LE DIEU DES JARDINS prend de la main
d'un des JARDINIERS une Corbeille pleine de
Trufes & d'Artichaux, & la presente aux Amans.

LE DIEU DES JARDINS.

Je vous offre, grands Dieux, le present d'un pau-
  vre homme,
  Mais le ragoût en est friant & chaud :
Et dans un jour pareil, la Trufe & l'Artichaud
  Valent mieux que la Pomme.

VERTUMNE.

Suivons nôtre deßein, sus, sus, Lares, Folets,
  Qu'on batiße un Palais
  A ma belle Maîtreße ?

Un Palais magnifique se montre.

  Pages, Valets
  Qu'on serve ma Déeße.

Huit Folets transformez en esclaves font la reve-
rence à la Déeße.

SCENE QUATRIÉME.
VERTUMNE, POMONE, JUTURNE, VENILIE,
FLORE, LE DIEU DES JARDINS, II. JAR-
DINIERS, FOLETS en Esclaves.
VERTUMNE.

QU'on enfonce mille tonneaux,
Que le vin coule à pleins ruisseaux.
Une Fontaine de Vin paroît
Que le Haut-bois s'aprête.
A celebrer la fête.

SCENE CINQUIÉME.
VERTUMNE, POMONE, JUTURNE, VENILIE,
FLORE, LE DIEU DES JARDINS, II. JARDI-
NIERS, FOLETS en Esclaves & en Symphonistes.
POMONE.

VOus, Esclaves, dansez,
Et la divertißez,
VERTUMNE.

Hola, Folets, paroißez dans les airs
Sous mille plaisantes images;
Et pour la divertir, formez dans les nuages
Des spectacles charmans, & d'aimables concerts.

Dix-huit Folets transformez paroissent en differentes
nuës brillantes, six au fond du Théatre dans une grande
nuë, six sur le côté droit en trois petites nuës diverses,
& autant sur la gauche, sous des formes de Dieux, de
Muses & d'Amours, partie chantans, partie joüans des
instrumens.

SCENE SIXIEME.

VERTUMNE, POMONE, JUTURNE, VENILIE, FLORE, LE DIEU DES JARDINS, II. JARDINIERS, FOLETS en Esclaves, en Symphonistes, & en Dieux dans les nuës.

LES FOLETS dans les nuës.

Venez Dieux, & Mortels, à cette grande fête,
Celebrez ce jour de conqueste,
Ce jour illustre & bien-heureux ;
Nôtre Dieu va goûter les plaisirs amoureux.
Sautons, rions, dansons, & chantons à sa gloire
Des chants d'amour, & de victoire,

JUTURNE & VENILIE.

Courez, courez à pas legers,
Courez Satyres, & Bergers :
Sautez, riez, dansez, & chantez à sa gloire.

LES FOLETS dans les nuës.

Et vous Folets qui formez dans les airs
La foudre & les éclairs,
Des vents & des nuages
Arbitres souverains,
Rendez ces lieux tranquiles & serains,
Et chassez loin de nous la foudre & les orages.
Voyez le jour, voyez le tems
Des jeux, des ris, des passe-tems ;
Sautons, rions, dansons, & chantons à sa gloire.

SCENE SEPTIÉME.

V E R T U M N E , P O M O N E , F A U N E ,
& les autres Acteurs de la Scene précédente.

FAUNE en dansant & se moquant.

S Autons, rions, dansons, *& chantons à sa gloire;*
On attrape aujourd'huy le plus fin des maris;
Aujourd'huy se grossit le nombre des Cornards.
Sans troubler nos humeurs paisibles,
Nous les porterons sur le front;
Mais les miennes paroîtront,
Les siennes seront invisibles.

La Nourrice paroît.

SCENE DERNIERE.

V E R T U M N E , P O M O N E , B E R O E ,
FAUNE en Nourrice, & les autres Acteurs
de la Scene précédente.

F A U N E.

E T toy, Nourrice, aussi,
Tu viens paroître ici!
Pauvre vieille, insensée,
Ne crain-tu pas de cet Amant
La haine, & le ressentiment.
Oses-tu regarder ta maîtresse offensée?

BEROE'.

Avant la fin du jour
Mes fautes dans l'oubli seront ensevelies :
Et qui ressent les plaisirs de l'amour,
En pardonne aisément le crime & les folies.

POMONE.

Non, non, sans m'offenser, tu peux l'aimer toujours,
Nourrice ne crain rien, & poursuit tes amours.

VERTUMNE.

Vivons, vivons Amis.

VERTUMNE, FAUNE, LE DIEU DES JARDINS, POMONE, FLORE, & BEROE'.

Vivons, vivons Amis ;

FLORE & FAUNE.

Que par toute la terre,
On chasse les ennuis, on bannisse la guerre.

Tous repetent les deux derniers vers.

POMONE.

Que l'Automne,

FLORE.

Que le Printemps,

POMONE & FLORE.

Enrichissent nos champs ;
Qu'on y cueille des fleurettes,
Et les doux fruits d'amourettes.

 POMONE, PASTORALE.

FLORE.

Que pendant nos belles saisons
On fasse l'amour sur nos terres,

LE DIEU DES JARDINS.

Dans les Jardins,

VERTUMNE.

Dans les maisons

FAUNE.

Les champs,

POMONE.

Les vergers,

FLORE.

Les parterres:

GRAND CHOEUR.

Dans les jardins, dans les maisons,
Les champs, les vergers, les parterres:

Les six petites nuës se retirent, & la grande vole du
fond du Théatre sur le ceintre.

FIN DU CINQUIE'ME ET DERNIER ACTE.